AF563519

PROJET DE LOI

Article premier. — L'affermage du monopole de la fabrication et la vente du tabac dans la Péninsule et dans les Iles Baléares est autorisé, conformément aux dispositions de cette loi.

Art. 2. — L'affermage s'effectuera après concours public, annoncé trois mois auparavant, et célébré devant une commission (*Junta*) présidée par le président du Conseil d'État, et composée de sept sénateurs et de sept députés, élus respectivement par le Sénat et la Chambre des députés, du président de la section des finances du Conseil d'État, et du président du Tribunal des comptes du royaume. Feront également partie de la commission, avec voix consultative, mais sans voix délibérative, le directeur général des Rentes, le directeur du Contentieux et l'interventeur général de l'Administration de l'État.

Art. 3. — Les propositions devront contenir nécessairement l'acceptation de toutes les conditions établies par les bases ci-jointes.

Art. 4. — La commission créée par l'article 2 résoudra, sans recours ultérieur gouvernemental ni contentieux, tous les incidents auxquels pourra donner lieu le concours, et consultera le Gouvernement dans les huit jours qui suivront celui signalé pour l'admission des propositions, soit que celles présentées ne soient pas admises, soit qu'on accepte celles qui, prenant principalement en considération l'augmentation de la participation de l'État sur le type fixé, serait jugée plus avantageuse, telle qu'elle se présentera, ou avec les modifications jugées opportunes.

Art. 5. — En aucun cas les droits et garantie de l'État, consignés dans les bases de cette loi, ne pourront être réduits.

Art. 6. — Le président et les membres de la commission qui y auront voix délibérative ne pourront s'abstenir d'émettre leur opinion.

Art. 7. — Les propositions seront présentées à la commission sous plis fermés et cachetés, accompagnées du document accréditant le dépôt, en numéraire ou en valeurs publiques aux cours établis, soit à la Caisse générale des dépôts, soit dans ses succursales en province, ou bien dans les Caisses des délégations des finances d'Espagne à l'étranger, de la somme de cinq millions de piécettes. Sans l'observation de cette formalité aucun pli ne sera admis.

Art. 8. — L'acte de la remise de l'ouverture des plis sera public, sans que, l'heure indiquée pour la présentation étant écoulée, de nouveaux titres puissent être admis, ni qu'il puisse être introduit dans ceux présentés d'autres modifications, sauf, le cas échéant, celles indiquées dans l'article 3.

Art. 9. — La résolution définitive sera adoptée par le Gouvernement en conseil des Ministres, et aucun recours administratif ni contentieux ne prévaudra contre sa décision.

Art. 10. — Les propositions présentées, le rapport de la commission, les votes particuliers, s'il en existe, et la décision définitive du Gouvernement se publieront dans la *Gaceta de Madrid.*

Art. 11. — Si l'auteur de la proposition admise ne régularisait pas le contrat, ni n'effectuait pas le versement de la garantie définitive dans le délai que le Gouvernement assignera, il perdrait la somme consignée comme dépôt.

Art. 12. — Si l'auteur de la proposition y consigne l'intention de former une Compagnie, cette manifestation ne sera pas un obstacle à ce qu'il soit passé outre au contrat et à ce qu'il verse la garantie définitive dans les termes indiqués à l'article antérieur; mais, la Compagnie constituée et la cession approuvée par le Gouvernement, elle sera reconnue subrogée à tous les droits et obligations du contrat, sans que, pour la transmission, il y ait à satisfaire l'impôt des droits royaux.

Art. 13. — Pendant la période du fermage, le Gouvernement organisera un corps d'ingénieurs qui, en son temps, se chargera de la rente, et qui réunisse aux connaissances théoriques celles pratiques requises à l'étranger, dans les fabriques et dépendances de la rente de l'État.

Art. 14. — Le Gouvernement rendra compte aux Cortès de l'usage qu'il fera de l'autorisation que cette loi lui confère.

CAHIER DES CHARGES

PROJET DU GOUVERNEMENT

Bases du Contrat de l'affermage du Monopole de la fabrication et de la vente du Tabac.

1° La personnalité ou Société fermière devra être espagnole, avec domicile à Madrid, et ne pas dépendre de corporations ou comités étrangers.

2° L'affermage aura une durée de douze ans,

Voir Projet de Loi (Art. 7).

PROJET DE CAHIER DES CHARGES

Monopole en participation avec l'État, de la fabrication et la vente du Tabac dans le Royaume d'Espagne.

1° Il sera constitué une Société anonyme, conformément aux lois espagnoles, et ayant pour but l'exploitation du Monopole des Tabacs dans le Royaume d'Espagne.

Cette exploitation aura pour base :

1° Le paiement d'une annuité fixe à l'État;

2° La participation de l'État aux bénéfices qui résulteraient de l'excédent du rendement net sur l'annuité fixe.

Durée.

2° L'affermage aura une durée de quinze années.

Siège social.

3° La Société, qui devra avoir son siège social à Madrid, aura une durée égale à celle de l'affermage.

Cautionnement.

4° Comme garantie de ses engagements envers l'État, la Société versera un cautionnement de cinq millions de pesetas. Lorsque l'avance dont il est fait mention au paragraphe ci-après aura atteint le chiffre de millions, le montant du cautionnement sera considéré comme paiement à valoir sur les versements ultérieurs à opérer en vertu de ladite avance.

18° Le fermier sera obligé de faire au Gouvernement l'avance d'une annuité portant intérêt à fixer, mais qui ne pourra jamais s'élever au-dessus de 5 °/₀. Si le Gouvernement croyait opportun de faire usage de cette condition, il devra en avertir le fermier six mois avant le jour où il devra effectuer le versement.

Avance.

5° La Société s'oblige à verser entre les mains de l'État une somme de millions, à titre d'avance, et dans les délais qui seront stipulés de commun accord avec M. le Ministre des Finances.

Cette avance est consentie à l'État à valoir sur les redevances fixes dont la Société aura à lui tenir compte, conformément à ce qui est stipulé au paragraphe 11.

Création d'Obligations.

6° L'avance sera représentée par des obligations créées par la Société. Elles jouiront d'un intérêt annuel de °/₀ de leur valeur nominale, et payable par trimestre. Elles seront remboursées dans une période identique à la durée de l'affermage et au moyen de tirages.

Le service des intérêts et de l'amortissement sera fait par la Société, mais l'intérêt et l'amortissement sont expressément garantis par l'État, qui déléguera un fonctionnaire pour contresigner les titres.

Les obligations sont et seront exemptes de tous impôts qui seraient éventuellement établis.

A tous les autres points de vue, elles seront absolument assimilées au fonds de l'État et admises aux cautionnements.

La Société aura la faculté de faire faire le service de l'intérêt et de l'amortissement à l'étranger, et spécialement dans toutes les villes où les coupons de la Rente Espagnole extérieure peuvent être présentés au payement.

La Société aura la faculté de se servir, pour ces payements, des agents officiels que l'Espagne entretient à l'étranger, sous la dénomination de Directeurs des Commissions des finances, ou autres.

Détails des Obligations.

7° La forme des obligations, leur valeur nominale, le taux de l'intérêt, le mode de remboursement, la jouissance, le prix d'émission et les autres conditions relatives à ces titres feront l'objet d'une convention spéciale entre M. le Ministre des Finances et la Société.

Capital social.

8° La Société sera constituée au capital de quarante millions. Dans le cas où les besoins du monopole l'exigeraient, ce capital pourra être augmenté d'accord avec le Gouvernement.

Délégué du Gouvernement.

9° Le Gouvernement aura auprès du Conseil d'administration un délégué nommé par Décret royal. Il représentera également l'État auprès des Assemblées générales d'actionnaires.

Les attributions du délégué seront spécifiées de concert avec M. le Ministre des Finances.

Définition du Monopole.

12° Le fermier, avec l'autorisation ou le contrôle du Gouvernement, pourra faire des essais de culture de tabac dans les provinces de la Péninsule et les îles adjacentes.

10° Pendant la durée du contrat de monopole, la Société aura le privilège exclusif de la fabrication et de la vente en gros et en détail des tabacs de toutes espèces, dans toutes parties du territoire du Royaume d'Espagne où la régie des tabacs existe et où elle pourra être ultérieurement établie.

Elle aura également le privilège exclusif des essais de culture (sauf dans les îles Canaries) qu'elle pourrait, d'accord avec le Gouvernement, reconnaître comme pouvant être dans l'intérêt du monopole.

Règlement de la Redevance.

3° Pour fixer la somme que le fermier garantira à l'État comme produit liquide annuel de la rente de chaque année, le terme total du contrat s'entendra divisé en quatre périodes égales de trois années chacune. Pendant la première période le fermier versera annuellement 90 millions de piécettes; pendant la seconde, le terme moyen du produit liquide obtenu au cours des seconde et troisième années, et pendant la troisième et la quatrième période, le terme moyen du produit liquide obtenu pendant la période immédiate antérieure.—En outre de la somme représentée chaque année par le type fixe garanti, le fermier versera 50 °/₀ de la différence entre le chiffre et le produit liquide total obtenu dans l'année même.

11° Pour fixer la somme que la Société garantira à l'État comme produit net du revenu de chaque année, la durée du contrat sera divisée en quatre périodes :

La première sera de deux années,

La seconde et la troisième, de quatre années.

La dernière période sera de cinq années.

Pendant la première période, la Société versera annuellement à l'État le produit net obtenu dans le dernier exercice de la gestion du Gouvernement, et établi sur les bases indiquées dans le paragraphe 16, et sous déduction de la somme correspondant à l'augmentation de remises qui seront accordées aux débitants dans l'intérêt du bon fonctionnement du Monopole.

Pendant la deuxième période, le versement sera fixé conformément à la moyenne du produit net de la première période, et pendant la troisième et la quatrième période, le versement sera réglé sur la moyenne du produit net obtenu pendant la période immédiate antérieure.

Participation aux Bénéfices.

12° En outre de la somme représentée chaque année par le type fixe garanti, la Société tiendra compte à l'État, d'après le mode indiqué au paragraphe 7, de la moitié de la différence qui résulterait en faveur du monopole, entre le type fixe et le revenu net de chaque exercice.

Mode d'établir le rendement net.

4° Pour fixer le produit liquide de la rente, on déduira de la recette totale le montant de l'acquisition de la matière première, les dépenses générales d'administration et d'élaboration, et l'intérêt de 5 °/₀ sur le capital réellement employé par le fermier.

13° Pour établir le rendement net, il sera déduit du total des recettes le prix d'achat, les frais de transport et autres, et les dépenses de fabrication et de vente des tabacs, les dépenses d'administration, les appointements, l'intérêt à 5 °/₀ l'an sur le capital réellement employé par la Société, toutes les dépenses courantes d'entretien et de réparation des édifices, des machines, des ustensiles et autres objets quelconques; en un mot, toutes les dépenses nécessaires à l'exploitation du monopole.

5° Le montant des droits régaliens que perçoit l'État pour les tabacs importés par des particuliers, conformément à la législation en vigueur, sera en faveur du fermier, et se considérera comme produit de la rente.

6° Le fermier prendra possession, après inventaire d'évaluation des édifices, machines et ustensiles qui constituent les fabriques actuelles, et il les rendra dans le même état, ou en payant les dégradations subies à la fin du contrat, sauf celles résultant d'usure naturelle. — Il recevra également, en payant le prix coûtant ainsi que les frais, le tabac en feuilles et élaboré, contenants et autres ustensiles pour la fabrication, existant dans les dépendances de l'État au commencement du contrat. — Pour pratiquer l'inventaire d'évaluation, fixer les existences et leur prix, il sera constitué une commission composée de deux délégués du gouvernement et de deux de la Compagnie concessionnaire, présidée par le directeur général de la rente.

Droits Régaliens.

14° Le montant des droits régaliens que percevra l'État durant la période du monopole, pour les tabacs importés par des particuliers, conformément à la législation en vigueur, appartiendra à la Société et sera considéré comme produit du monopole.

Prise de possession par la Société.

15° La Société prendra possession, après inventaire d'évaluation, des édifices, ustensiles et des machines qui constituent les fabriques actuelles, et elle les rendra dans le même état à la fin du contrat, ou en payant l'équivalent des dégradations, sauf celles résultant d'usure normale.

Elle prendra également livraison, au prix coûtant auquel il sera ajouté les frais, du tabac tant en feuilles que travaillé et se trouvant en bon état de conservation, ainsi que du matériel de fabrication existant dans les dépendances de l'État au commencement du contrat.

L'inventaire sera fait dans chaque établissement, au moment de la prise de possession de ce dernier par un délégué du Gouvernement et un agent de la Société.

Pour pratiquer l'inventaire général d'évaluation, établir les existences et les prix des approvisionnements de tabac et du matériel des fabriques, il sera institué une Commission. Elle se composera :

1° D'un délégué du Gouvernement;

2° D'un délégué de la Société;

3° D'une personne nommée d'un commun accord par les parties intéressées.

Évaluation du point de départ de l'annuité fixe.

16° La commission précitée évaluera les résultats nets de l'Exercice 1885-1886 en prenant pour base la valeur au prix de revient des tabacs fabriqués qui auront été vendus durant ledit Exercice et en la défalquant du revenu brut.

Pour arriver à établir les résultats de l'Exercice sur une base pouvant servir de point de comparaison, il sera ajouté aux dépenses 5 °/₀ sur le capital représenté par le matériel et les approvisionnements.

7° Le fermier demeurera subrogé aux droits et obligations du Trésor, pour tous les contrats pendants à propos d'acquisition de matières premières, ustensiles, effets de fabrication, fermage de magasins, transports et autres, à l'exception de ce qui sera relatif à des détails (*incidencias*) de services déjà réalisés.

17° La Société demeurera subrogée aux droits et aux obligations du Trésor pour tous les contrats en cours, à propos d'acquisition de matières premières, d'ustensiles, effets de fabrication, fermage de magasins, transports et autres, à l'exception de ce qui sera relatif à des détails de services déjà réalisés.

Fabriques.

8° Le fermier demeurera obligé de maintenir les anciennes fabriques dans les localités mêmes où elles se trouvent et d'y conserver constamment 75 °/₀ de leur personnel ouvrier actuel, l'autorisation du gouvernement lui étant nécessaire pour le diminuer en plus grande proportion, ou pour fermer n'importe laquelle des fabriques. — Il devra en outre établir, pendant l'exécution du contrat, trois nouvelles fabriques avec tous les progrès modernes, et trois magasins destinés au dépôt de tabacs, sur les points désignés d'un commun accord par le gouvernement et le fermier. — Les

18° La Société s'oblige à maintenir les fabriques existantes, là où elles se trouvent. Elle devra en outre établir, au cours du contrat, les nouvelles fabriques et les magasins qui, d'accord avec le Gouvernement, seraient reconnus comme utiles à l'exploitation du monopole. — Les plans et devis seront soumis à l'approbation du Gouvernement et, lors de la liquidation finale du contrat, il sera tenu compte à la Société du prix de ces fabriques et de ces magasins.

Pour les fabriques nouvelles, comme pour celles déjà existantes, on ne tiendra pas compte dans l'évaluation plans et budgets seront approuvés par le gouvernement et leur prix sera crédité au fermier, lors de la liquidation finale du contrat.

d'une réduction quelconque de la valeur du sol et des fondations.

Personnel.

19° La Société est et demeure maîtresse absolue de la nomination ainsi que de la révocation de son personnel.

La Société est autorisée à réduire de 30 °/₀ le chiffre de ses employés techniques et administratifs, et de 50 °/₀ le chiffre de son personnel ouvrier, dans le cas où elle considérerait cette mesure comme utile au bon fonctionnement de l'entreprise.

L'autorisation du Gouvernement sera nécessaire pour toute réduction du chiffre du personnel qui dépasserait les proportions précitées.

Les frais occasionnés par le licenciement du personnel ouvrier seront imputés au compte de frais d'Exploitation ;

Frais de licenciement. Pensions et Indemnités.

19° *bis*. Les frais de licenciement du personnel administratif, et ceux des mises à la retraite ou de révocations d'une partie du personnel, resté au service de la Société, les pensions à servir, ou les indemnités à attribuer, seront exclusivement à la charge du Gouvernement.

Fabriques fermées.

20° La Société ne pourra fermer aucune des fabriques sans l'autorisation du Gouvernement.

Contrebande.

9° Le gouvernement continuera de réaliser à ses frais la poursuite de la contrebande, et le fermier n'aura aucun droit d'intervention dans le régime que le gouvernement suivra pour la répression tant terrestre que maritime; mais il pourra exercer une surveillance, dans le but de proposer à l'administration les modifications au service qu'il jugera utiles à l'intérêt de la Rente, et pour réclamer du gouvernement l'aide qui, dans des cas déterminés, sera convenable à la répression de la contrebande. — Il pourra également proposer l'augmentation des postes d'octroi existants, les frais qu'occasionnera cette augmentation étant à sa charge.

21° Le Gouvernement continuera à ses frais la poursuite de la contrebande, et la Société n'aura aucun droit d'intervention dans le régime que le Gouvernement suivra pour la répression tant terrestre que maritime; mais elle pourra exercer une surveillance dans le but de proposer à l'administration les modifications au service qu'elle jugera utiles à l'intérêt du monopole, et pour réclamer du Gouvernement l'aide qui, dans des cas déterminés, contribuera à la répression de la contrebande.

La Société pourra également instituer des agents spéciaux, ayant les mêmes attributions et prérogatives que les agents du Gouvernement destinés à la répression de la contrebande.

Ils seront soumis à un règlement que la Société établira d'accord avec M. le Ministre des Finances.

Les dépenses relatives à ces agents seront imputables sur les frais d'exploitation.

Débits de Tabac.

10° Le fermier pourra avoir tous les bureaux de vente qu'il jugera convenables; mais il ne pourra pas, sans autorisation du Gouvernement, cesser d'en avoir un sur les points ou dans les localités où ils existeront lors de la célébration du contrat.

22° La Société pourra avoir tous les débits qu'elle jugera convenables; mais elle ne pourra, sans autorisation du Gouvernement, cesser d'en avoir un sur les points ou dans les localités où ils existeront lors de la signature du contrat.

11° Le fermier conservera le nombre, les classes et le prix des travaux (*labores*) existants, ne pouvant les altérer sans autorisation préalable du Ministre des finances. Il pourra établir, en outre, ceux qu'il jugera convenables, en portant à la connaissance de la direction compétente leurs conditions spéciales. Le fermier conservera l'acquisition de tabac en feuilles et élaboré des Canaries dans la forme et dans les proportions où elle se réalise aujourd'hui, ne pouvant, sans autorisation du Gouvernement, introduire des altérations sur ce point. Il ne pourra, sans autorisation du Gouvernement, diminuer la proportion dans l'acquisition de la matière première, entre le tabac étranger et celui des provinces espagnoles d'outre-mer.

La Société conservera le nombre, les classes et le prix de main-d'œuvre existants et ne pourra les modifier sans autorisation préalable du Ministre des Finances. Elle pourra établir, en outre, ceux qu'elle jugera convenables, en portant les conditions spéciales à la connaissance de la direction compétente.

La Société continuera de faire l'acquisition de tabac en feuilles et travaillé des Canaries dans la forme et dans les proportions où elle se réalise aujourd'hui, ne pouvant, sans autorisation du Gouvernement, introduire de modifications sur ce point. Elle ne pourra, sans autorisation du Gouvernement, diminuer la proportion dans l'acquisition de la matière première, entre le tabac étranger et celui des provinces espagnoles d'outre-mer.

13° Le fermier sera relevé, par le fait de son contrat, du paiement de la contribution industrielle. Il jouira de l'exemption du droit de douanes en ce qui aura trait à l'importation et l'exportation de tabacs, tant de ceux qui ne seront pas considérés comme utiles aux travaux que de ceux élaborés par le fermier à destination de l'étranger. L'importation des ustensiles et machines destinés à la fabrication jouira d'égale exemption.

Exemption de droits d'entrée.

23° La Société sera exemptée, par le fait de son contrat, du paiement de la contribution industrielle. Elle jouira de l'exemption du droit de douanes, en ce qui aura trait à l'importation et l'exportation de tabacs, tant de ceux qui ne seront pas considérés comme utiles aux travaux que de ceux confectionnés par la Société à destination de l'étranger. L'importation des ustensiles et machines destinés à la fabrication jouira d'égale exemption.

Modifications de Tarif.

24° Toute modification des tarifs de vente ainsi que celles à introduire dans la composition des tabacs, et les procédés de fabrication sont réservées à l'initiative de la Société.

Toutefois ces modifications ne pourront se réaliser sans qu'au préalable la Société se soit mise d'accord à ce sujet avec M. le Ministre des Finances.

14° Le fermier devra posséder une provision de tabac des qualités et de la quantité dont le minimum sera fixé par le Gouvernement et par le fermier, avant de commencer le contrat, et qui ne sera pas moindre de celle que représenteront les existences que le fermier recevra du Trésor. Cette provision devra s'augmenter pendant la durée du contrat, en proportion de la plus grande consommation. Le défaut de provision motiverait l'imposition d'une amende équivalente à 10 °/₀ de la valeur de la quantité de tabac que représenterait le manque d'existence par rapport au minimum fixé.

Minimum des Approvisionnements.

25° La Société devra posséder un approvisionnement de tabac des qualités et de la quantité dont le minimum sera fixé par le Gouvernement, et par la Société avant le commencement du monopole. Cet approvisionnement devra s'augmenter pendant la durée du contrat en proportion de la plus grande consommation. Le défaut d'approvisionnement motiverait l'imposition d'une amende équivalente à 10 °/₀ de la valeur de la quantité de tabac que représenterait le manque d'existence par rapport au minimum fixé.

Seront considérées comme approvisionnements les fournitures assurées au moyen de contrats réguliers. Toutefois, le dépôt effectif ne devra jamais être inférieur à un minimum qui sera fixé d'accord avec M. le Ministre des Finances.

Dans le cas d'une augmentation brusque de la consommation résultant de changements de tarif, il sera accordé à la Société un délai raisonnable pour remettre ses approvisionnements de tabacs fabriqués en équilibre et il ne lui serait imposé aucune amende.

15° Trois ans avant l'expiration du contrat, le Gouvernement fixera la provision de tabac en feuilles et élaboré que le fermier devra remettre à l'État lors de la cessation de son monopole, ainsi que la façon dont il

Reprise par l'État à l'expiration du Monopole.

26° A l'expiration du contrat, l'Etat prendra possession des tabacs bruts et travaillés, ainsi que des ustensiles.

Le prix en sera payé à la Société, sur estimation,

rentrera dans la valeur de cette provision et de celle des fabriques et édifices auxquels a trait le second paragraphe de la base 8. La valeur du tabac sera celle du prix d'achat plus les frais et dommages fixés par des experts de l'une et de l'autre part; et quant à la qualité, il sera au pouvoir du gouvernement d'accepter ou de refuser l'excédent de la provision indiquée.

A l'expiration du contrat, une liquidation générale sera faite dans laquelle seront compris comme devant être payés au fermier : 1° le montant de la provision de tabac que recevra l'État ; 2° la valeur des nouvelles fabriques, des machines s'y trouvant, et des magasins auxquels a trait la base 8, cette valeur étant appréciée au moyen des sommes inscrites aux budgets approuvés par le Gouvernement, 2 °/₀ étant annuellement déduits de celle des édifices et 4 °/₀ de celle des machines pour amortissement, cette déduction n'ayant pas lieu, en ce qui aura trait à la valeur du terrain ; 3° le montant des améliorations extraordinaires et de l'acquisition de machines, qui, après inscription au budget fixé par le Gouvernement et déclaration expresse, à chaque cas, de ce qu'elles seront remboursées en liquidation, s'effectuaient dans les fabriques actuelles pendant la durée du contrat, et de la valeur desquelles seront déduits annuellement les 2 et 4 °/₀ pour amortissement, les dépenses de conservation et de réparation ; ni les améliorations, ni celles extraordinaires, réalisées en dehors des conditions qui précèdent, ne devant être remboursées ; 4° n'importe quelle autre somme qui,

par une commission analogue à celle déjà mentionnée au paragraphe 15.

Le Gouvernement aura la faculté de refuser les quantités qui dépasseraient les bases des limites prescrites au paragraphe 25.

La reprise des fabriques et machines se fera avec les mêmes formalités que celles indiquées au paragraphe 15 pour la prise de possession par la Société, et cette dernière n'aura d'indemnité à payer que dans le cas de dégradations dépassant l'usure normale et provenant de fautes d'entretien.

Les fabriques édifiées par la Société, avec tout le matériel y appartenant, seront estimées par des experts spéciaux, nommés par le Gouvernement et la Société.

Liquidation générale.

27° A l'expiration du contrat, il sera procédé à une liquidation générale dans laquelle seront compris comme étant à porter à l'avoir de la Société :

1° Le montant des approvisionnements de tabacs, dont l'État prendra livraison ;

2° La valeur des fabriques édifiées par la Société, avec les machines qui en font partie, ainsi que des magasins mentionnés au paragraphe 18 ;

L'appréciation de la valeur se fera d'après les montants portés aux devis approuvés par le Gouvernement.

Les édifices seront estimés à leur prix de revient, s'ils sont en parfait état de conservation ;

Les machines subiront une moins-value annuelle de 4 °/₀ à titre de dépréciation ;

3° Le montant des améliorations extraordinaires et de l'acquisition de machines, à l'usage des fabriques actuellement existantes et porté aux devis approuvés par le Gouvernement, avec mention expresse de remboursement au moment de la liquidation, les estimations devant être faites sur la base indiquée dans l'alinéa précédent ;

conformément aux bases du contrat, aurait été déclarée comme correspondant au fermier.

Seront à la charge du fermier : 1° les sommes que, pendant les trois dernières années et conformément à la base 5, le fermier aurait conservées en son pouvoir et le 6 °/₀ annuel sur lesdites réserves; 2° les amendes et indemnités imposées au fermier et non acquittées; 3° le paiement du prix des édifices, machines et ustensiles qu'il aurait reçus, conformément à la base 6, et qu'il ne rendrait pas, ainsi que celui de leurs dégradations, devant être apprécié d'après les évaluations faites lors de leur prise de possession par le fermier, et de leur remise par lui, une diminution étant autorisée sur ces dernières, pour usage naturel, de 2 °/₀ l'an sur les édifices et de 4 °/₀ sur les machines; n'importe quelle autre responsabilité qui, aux termes du contrat, incomberait au fermier.

4° N'importe quelle autre somme qui, conformément aux bases du contrat, serait déclarée comme revenant à la Société.

Seront à la charge de la Société :

Le texte du Gouvernement dit : « Les sommes « que, pendant les trois dernières années, et conformément à la base 15, la Société aurait conservées en son pouvoir, et le 6 °/₀ annuel sur lesdites « réserves. » — (*C'est* incompréhensible !)

Les amendes et indemnités imposées à la Société et non acquittées ;

Le paiement du prix des édifices, machines et ustensiles qu'elle aurait reçus et qu'elle ne rendrait pas, ainsi que celui des dégradations qui devront être appréciées d'après les évaluations faites lors de la prise de possession par la Société, et de la reddition faite par elle, une diminution étant autorisée sur ces dernières, pour usure normale, de 2 °/₀ l'an sur les édifices ayant existé avant la création du monopole, et de 4 °/₀ sur les machines.

Enfin, n'importe quelle autre responsabilité qui, aux termes du contrat, incomberait à la Société.

Mode des Payements.

28° La Société s'entendra avec le Gouvernement en ce qui concerne la forme et le mode de paiement. Il sera toutefois loisible à la Société d'opter pour que le payement soit effectué en espèces, comme elle l'aura effectué elle-même à l'origine du contrat de monopole. En pareil cas, le Gouvernement serait tenu d'effectuer le payement en espèces ou au moyen d'un équivalent agréé par la Société.

16° Le fermier nommera librement les employés dont il aura besoin pour ses bureaux et la direction des travaux; mais ce personnel n'aura aucun droit à ce que l'État les reconnaisse, les pensionne et prenne en considération le temps de leurs services, ni ne tienne compte de catégories pour les services rendus au fermier. — Celui-ci sera obligé d'admettre dans les fabriques, sans rétribution de sa part, les individus faisant partie du Corps *pericial* (chargé des expertises, appréciations, estimations, etc.) indiqué dans l'article 12 de la loi et que désignera le Gouvernement.

17° Le paiement des droits à l'État s'effectuera par le fermier à la Trésorerie centrale dans la forme et dans les délais suivants : la valeur des tabacs et ustensiles pour la fabrication, en quatre termes égaux : le premier en prenant possession, et les trois autres à l'expiration des trois trimestres suivants; le montant de l'annuité fixe, par douzièmes parties, le dernier jour de chacun des mois de la durée du contrat; et le montant de la participation du bénéfice ou augmentation pendant cette durée, le trimestre qui suivra l'expiration de chaque année économique, la liquidation de l'année devant s'effectuer au cours de ce trimestre avec l'intervention du délégué du Gouvernement.

Personnel technique.

29° La Société nommera librement les employés dont elle aura besoin pour ses bureaux et la Direction des travaux; mais ce personnel n'aura aucun droit à ce que l'État le reconnaisse, le pensionne et prenne en considération le temps de ses services ni ne tienne compte de catégories pour les services rendus à la Société.

La Société s'engage à recruter son personnel technique, conformément à des règles qui seront établies d'accord avec le Gouvernement. Cette partie du personnel jouirait des prérogatives des employés du Gouvernement et passerait au service de l'État à l'expiration du contrat.

La Société s'engage également à employer tous ses efforts en vue de former un corps spécial d'ingénieurs, propres à l'expertise et à la fabrication des tabacs.

Mode et délais de versements à l'État.

30° Le paiement à l'État s'effectuera par la Société à la Trésorerie centrale dans la forme et dans les délais suivants. La valeur des tabacs et ustensiles pour la fabrication, en quatre termes égaux : le premier en prenant possession, et les trois autres à l'expiration des trois trimestres suivants; et dans le cas où l'estimation de l'approvisionnement ne serait pas terminée à la fin du premier trimestre, la Société payera un acompte du quart de la valeur approximative.

Le montant de la participation du bénéfice se payera dans le semestre qui suivra l'expiration de chaque exercice, et après que le règlement de comptes aura eu lieu avec le contrôle du délégué du Gouvernement.

Le règlement de l'annuité fixe se fera de la façon suivante :

Chaque trimestre la Société payera au Trésor le quart de la somme de l'annuité fixe garantie, en déduisant du payement :

1° La somme nécessaire au service des intérêts et

de l'amortissement des obligations représentant l'avance faite au Gouvernement; 2° la somme nécessaire au payement d'un intérêt annuel de 5 % sur le capital réellement employé par la Société, ainsi qu'il est dit au paragraphe 13.

Les sommes ainsi retenues seront déposées par la Société à la Banque d'Espagne et en seront retirées quinze jours avant l'échéance.

Les intérêts de ces sommes seront considérés comme rentrant dans la catégorie des bénéfices du monopole.

19° Pour garantir la valeur de la propriété de l'État dont le fermier deviendra usufruitier, et comme garantie du contrat, celui-ci fournira une garantie de vingt millions de piécettes en numéraire ou en valeurs publiques, aux types établis, garantie que le Gouvernement, au cours du fermage, et prenant en considération la marche du revenu et les sommes consacrées à la construction des nouvelles fabriques et magasins, pourra réduire, s'il le juge convenable, mais qui ne pourra, en aucun cas, être moindre de douze millions de piécettes.

Affectation de l'Avoir de la Société à la fidèle exécution de ses obligations.

31° Tous les approvisionnements de tabacs et tout l'avoir de la Société restent affectés à titre de garantie, au payement de toutes sommes qui seraient dues par la Société au Gouvernement.

20° Tous les édifices, ustensiles d'élaboration et la matière pour fabriquer ou manufacturer, seront assurés contre l'incendie pour le compte du fermier, à moins que celui-ci ne prenne expressément sous sa responsabilité le risque à courir. Dans le cas d'assurance, les entreprises nationales devront être préférées à égalité de conditions.

Assurances.

32° Les machines, le matériel et la matière pour fabriquer ou manufacturer, seront assurés contre l'incendie, à moins que la Société ne prenne expressément sous sa responsabilité le risque à courir. Dans le cas d'assurance, les entreprises nationales devront être préférées à égalité de conditions. Les frais d'assurance seront, en tout cas, à la charge du monopole.

21° Dans la dépendance centrale de l'administration de la rente à la charge du fermier, il y aura un délégué du Gouvernement, interventeur de toutes les opérations de l'entreprise. Le délégué aura droit de visiter, en tout temps, les fabriques, établissements, magasins et bureaux de vente; d'examiner la comptabilité, les livres registres. et de contrôler le compte de caisse. Pour le fonctionnement de ce service, il aura à ses ordres le personnel de confiance que désignera le Gouvernement. En outre, quand celui-ci le jugera convenable, il déléguera ses facultés à d'autres employés ou agents pour contrôler et examiner la comptabilité générale de l'entreprise, ou celle spéciale de chacun de ses établissements ou dépendances, et les travaux ou les tabacs manufacturés, ainsi qu'également pour s'assurer de la régularité de l'administration.

22° Les administrateurs ou représentants du fermier seront obligés de faciliter au délégué et aux autres agents nommés par le Gouvernement, conformément aux fins de la base antérieure et à ses fins, tous les documents, renseignements et explications qui leur seront demandés par eux, devant exhiber les livres, factures et documents justificatifs des opérations de l'entreprise.

23° Chaque défaut d'accomplissement de ce que stipulent les bases antérieures donnera le droit au Gouvernement d'imposer au fermier une amende, dont

Contrôle de l'État.

33° Dans la dépendance centrale de l'Administration, à la charge du monopole, il y aura un délégué du Gouvernement, contrôleur de toutes les opérations de l'entreprise. Le délégué aura droit de visiter, en tout temps, les fabriques, établissements, magasins et débits, d'examiner la comptabilité, les registres, et de contrôler le compte de caisse. Pour le fonctionnement de ce service, il aura à ses ordres le personnel de confiance que désignera le Gouvernement. En outre, quand celui-ci le jugera convenable, il déléguera ces facultés à d'autres employés ou agents pour contrôler et examiner la comptabilité générale de l'entreprise, ou celle spéciale de chacun de ces établissements ou dépendances, et les travaux ou les tabacs manufacturés, ainsi qu'également pour s'assurer de la régularité de l'Administration, mais, dans aucun cas, ces employés ne pourront s'immiscer dans l'administration des établissements.

34° Les administrateurs ou représentants de la Société seront obligés de fournir au délégué et aux autres agents nommés par le Gouvernement aux fins du paragraphe antérieur, tous les documents, renseignements et les explications qui leur seront demandés par eux, devant exhiber les livres, factures et documents justificatifs des opérations de l'entreprise.

Amendes.

35° Chaque défaut d'accomplissement de ce que stipulent les paragraphes antérieurs donnera le droit au Gouvernement d'imposer à la Société une amende, le maximum sera fixé à 20,000 piécettes, sans préjudice de la réparation ou indemnité correspondante. L'amende pourra s'élever de 20,000 à 100,000 piécettes dans les cas suivants : 1° si le fermier mérite deux fois l'amende signalée à la base 14 ; 2° s'il ne tient pas bien et au jour la comptabilité ; 3° si son administration refuse l'exhibition de ses livres ou documents, ou ne justifie pas de la régularité de ses opérations, le fermier ayant le droit de s'élever, par la voie contentieuse administrative, contre la résolution du Gouvernement relative à l'imposition des amendes.

dont le maximum sera fixé à 10,000 piécettes, sans préjudice de la réparation ou indemnité correspondante. L'amende pourra s'élever de 10,000 à 50,000 piécettes dans les cas suivants : 1° si la Société mérite deux fois l'amende signalée au paragraphe 25 ; 2° si la comptabilité n'est pas à jour et bien tenue ; 3° si son administration refuse l'exhibition de ses livres ou documents, ou ne justifie pas la régularité de ses opérations, la Société ayant le droit de s'élever par la voie contentieuse administrative, contre la résolution du Gouvernement relative à l'imposition des amendes.

26° Si la baisse avait pour cause une guerre nationale ou étrangère, ou des calamités de caractère public et général, il n'y aura pas lieu à la résiliation du contrat, et le fermier aura droit à ce que les dépenses et les recettes de la rente soient en leur totalité pour compte de l'État, sans que, dans ce cas, soit imputé comme dépense le paiement de l'intérêt du capital de la Compagnie concessionnaire.

Force majeure.

36° Dans le cas de guerre étrangère nationale et civile, ou de calamités de caractère public et général et autres cas de force majeure, légalement constatée, la Société sera relevée de l'obligation de garantir la redevance. Le Gouvernement, tant que dureront les effets de cet état de choses, sera tenu de fournir les sommes nécessaires au service des intérêts et de l'amortissement des obligations, et à payer un intérêt de 5 °/₀ l'an sur le capital employé dans l'exercice du monopole.

Par contre, le Gouvernement aura dans ce cas le droit de percevoir pendant la même période tous les produits de la vente des tabacs en supportant tous les débours et toutes dépenses incombant à l'exercice.

24° En tout temps, le Gouvernement se réserve le droit de résilier le contrat, sans en faire connaître la cause, et conformément aux conditions suivantes : 1° le

Résiliation du Contrat.

37° Le Gouvernement aura la faculté de provoquer devant les tribunaux espagnols la résiliation du contrat dans les cas suivants :

Gouvernement se mettra en possession de la rente, et il s'effectuera une liquidation générale dans les termes exprimés à la base 15, pour l'expiration du contrat; 2° si, de la liquidation pratiquée, il résultait que le fermier ne recouvrât pas l'intégralité de son capital et un 6 °/₀ annuel pour les intérêts de ce capital, le Gouvernement paierait la différence, et en outre le montant d'une annuité d'intérêts; 3° s'il résultait que le fermier, non seulement retirât son capital et ses intérêts, mais eût obtenu un bénéfice, le Gouvernement paiera l'équivalence des bénéfices probables pendant un an, évalués en rapport avec la moyenne de ceux obtenus les deux dernières années; et si dans ces deux années, il n'en avait pas existé, en rapport avec ceux obtenus pendant tout le temps du fermage écoulé.

25° Si les deux premières années écoulées, on observait dans la rente une baisse qui excédât le 15 °/₀ de la somme garantie, l'État aura le droit de résilier le contrat. Dans ce cas, il ne tiendra compte au fermier que des pertes que ce dernier aurait subies sur son capital, sans intérêts du capital ni bénéfices éventuels.

27° La résiliation du Contrat sera à la charge et aux risques du concessionnaire : 1° s'il ne réalise pas avec ponctualité le paiement du fermage fixé et celui de la participation dans les bénéfices qui correspondent à l'État, conformément à la base 3 ; si l'on arrivait à lui imposer, et qu'elles demeurassent fermes par son non-recours à la voie contentieuse administrative ou par la confirmation par celle-ci de la décision gouvernementale, trois amendes de celles qui s'établissent comme devant avoir une valeur de 20,000 à 100,000 piécettes. Dans ces cas, les conséquences de la résiliation seront que le Trésor se mettra en possession de la rente, dans les termes exprimés à la base 15, pour l'expiration du traité, et que le fermier répondra administrativement, sur la garantie et n'importe quelles autres sortes de biens auxquels il aura droit, du remboursement à l'État de son débit et de l'indemnité et des dommages qui pourront lui incomber du fait de la résiliation. Ces dommages se gradueront, en outre de ceux que représenteront les dégradations dans les édifices, machines et autres pertes provenant d'usure naturelle d'après la différence existant entre le produit

1° Si la Société n'effectue pas avec ponctualité le payement de l'annuité, selon ce qui est convenu dans les articles précédents, ainsi que de la participation de l'État aux bénéfices.

2° Si l'État arrivait à lui imposer trois amendes de 10,000 à 50,000 pesetas, et que ces amendes ne fussent pas mises en appel par le recours de la Société à la voie contentieuse administrative, ou encore où cette dernière autorité aurait confirmé la décision du Gouvernement. Dans ce cas le Trésor prendrait possession du monopole, et la liquidation se ferait d'après les règles adoptées, les tribunaux statuant sur la question et la quotité de dommages-intérêts.

liquide qu'obtiendra l'État pendant le temps que le contrat aurait eu encore à courir et celui qu'il devrait obtenir calculé d'après le dernier type du fermage signalé conformément à la base 3 ; et la participation dans les augmentations, en appréciant cette participation à raison de 3 °/₀ annuel pour l'État sur ce type de rente, à partir de la fixation de ce type.

28° La résiliation à laquelle a trait la base 24 devra être décidée comme mesure de Gouvernement, par le Conseil des ministres, et aucune réclamation ne prévaudra contre cet accord.

29° La résiliation, dans les cas auxquels ont trait les bases 25 et 27, sera décidée après audience du Conseil d'État siégeant toutes Chambres réunies, et contre la résolution du Ministre des Finances, procédera la voie contentieuse.

30° Si le gouvernement le juge opportun, il imposera au fermier la vente des effets timbrés dans les bureaux de la vente des tabacs, en payant le prix convenu pour ce service, et qui ne pourra jamais excéder ce qu'il coûte actuellement.

Vente d'effets timbrés.

38° Si le Gouvernement le juge opportun, il imposera à la Société la vente des effets timbrés dans les débits de tabac, en payant le prix à convenir pour ce service, prix qui ne pourra jamais dépasser ce que le Gouvernement paye actuellement de ce chef.

Dépréciation de la monnaie fiduciaire.

39° Dans le cas où, au cours du contrat, une dépréciation quelconque s'établirait sur la monnaie fiduciaire circulant en Espagne, par suite de laquelle les conditions du contrat se trouveraient affectées, le Gouvernement en rembourserait le montant à la Société, à l'égard de toutes sommes dépensées par elle à l'étranger pour les achats de tabacs, machines et autres objets.

31° Le fermier ne pourra formuler aucune réclamation sur le défaut d'exactitude ou l'erreur des pièces incluses dans les états dressés par l'intervention générale de l'État, et qui, pour faciliter l'étude de cette réclamation, l'accompagneront, pourvu qu'ils soient sujets à la rectification que pourra produire l'examen des comptes dont on les aura extraits.

40° La Société ne pourra formuler aucune réclamation pour défaut d'exactitude ou d'erreur des documents compris dans les états dressés par le contrôle général de l'État, et qui sont annexés pour faciliter l'étude de l'affaire, ces documents étant sujets à des rectifications à la suite de l'examen des comptes dont ils font partie.

A TITRE ÉVENTUEL

Réduction de Tarifs de Chemins de fer et Compagnies de Navigation.

41° Le Gouvernement s'engage à faire profiter le monopole de toutes les réductions de tarif dont les colis transportés pour le compte de l'État, par les Compagnies de chemins de fer et de navigation jouissent actuellement, ou dont ils pourront jouir par la suite. Le monopole n'aura cependant aucun droit à une indemnité quelconque dans le cas où cette réduction en faveur de l'État cesserait d'exister.

Règlement des détails.

42° Le développement et l'application des bases établies par la présente convention feront l'objet d'un règlement à intervenir entre M. le Ministre des Finances et la Société.

Frais de la Convention.

43° Les dépenses fiscales ou autres qu'occasionnera la présente convention sont à la charge de l'État.

6184. — Paris. — Imprimerie Ve Éthiou Pérou et Fils, rue de Damiette, 2 et 4.

www.ingramcontent.com/pod-product-compliance
Lightning Source LLC
LaVergne TN
LVHW010311230826
846091LV00007B/3102

* 9 7 8 2 3 2 9 1 4 9 7 8 3 *